La Pierre Noire

Théâtre

Pour regarder la pièce théâtrale :
La Pierre Noire

Veuillez utiliser le code QR.

Dr. Sultan bin Mohammad Al-Qasimi

La Pierre Noire

Théâtre

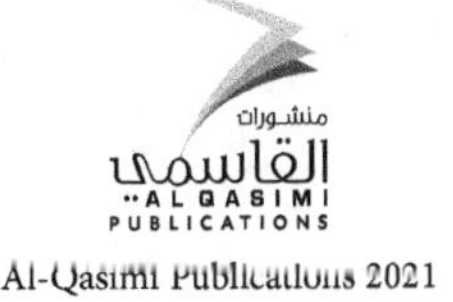

Al-Qasimi Publications 2021

Titre du livre : La Pierre Noire
«Alhajar Alaswd» 2018
Nom de l'auteur : Dr Sultan bin Muhammad Al-Qasimi
Nom de l'éditeur : Al-Qasimi Publications, Sharjah, Émirats Arabes Unis
Année de publication : 2021
Tous droits réservés
Publications Al-Qasimi

Traduit de l'arabe en français par : Dr. Fatima Zohra Sghiyar
Révisé par : Dr. Youssef Raihani

Distribution : Al-Qasimi Publications, Sharjah,
P.O. Box 64009
B.P. 64009 Sharjah, Émirats Arabes Unis
Téléphone : +971 6 50 90000 Fax : +971 6 55 200 70
Website: www.alqasimipublications.com
Email: info@aqp.ae
Sharjah, Émirats Arabes Unis

ISBN 978-9948-469-35-3
Autorisation d'impression : Conseil national des médias Abou Dhabi
No. MC 03-01-7019534, Date : 06-07-2021

Groupe d'âge: E

Sommaire

Système de transcription

Nous adoptons ici un système de transcription très simplifié qui permettra de rétablir l'équivalence exacte des lettres, des voyelles et des articles définis qui figurent dans la langue arabe mais qui échappent à l'alphabet français.

- Le hamza « ﺀ » est transcrit « ' »;

- La lettre « ق » (qāf) est transcrite « q »;

- La lettre « ع » (' ayn) est transcrite « ' »;

- La lettre « ذ » (thāl) est transcrite « th »;

- Les voyelles longues dans « a » et « i » sont marquées par un trait au-dessus: ā et ī ;

- Les voyelles longues dans « o » et « u » sont marquées par un accent circonflexe: û et ô ;

- L'article défini « al- » reste « al- » même devant une « lettre solaire » sauf exception ;
- Les noms propres en capitale à chaque terme du nom, sauf à l'article « al- » en position médiane.

Introduction

De nos jours, des sociétés musulmanes, prévalent des mouvements réformistes fondés sur des principes religieux, sociaux et politiques. Néanmoins, une fois les ennemis de l'Islam s'y mêlent, ils parviennent à dériver les extrémistes et à les pousser au terrorisme.

Dans *la **Pierre Noire***, la pièce que nous vous proposons aujourd'hui, nous présentons une image de cette intervention néfaste des ennemis de l'Islam ayant transformé un mouvement islamique, réformiste en principe, en un mouvement terroriste.

Les événements racontés dans cette œuvre sont des faits réels, survenus durant la période où les Qarmates étaient si actifs et où ils menaient une longue lutte contre le règne des Abbassides. De même pour les personnages, les lieux et les dates ; ils ont tous réelle-ment existé dans l'Histoire.

Espérons que le lecteur de cette pièce théâtrale (ou le spectateur) saura déchiffrer la source du terrorisme et appellera les gens tel que Dieu, exalté soit-Il, nous l'ordonne au *« sentier du Dieu par la sagesse et la bonne exhortation. Et discute avec eux de la bonne manière »*.

Le dramaturge

Personnages

- Le Héraut 1

- Al-Sayyida[1] la Mère du Calife

- Thoumāl Qahramāna

- Le Calife al-Moqtadir ibn al-Moʿtaded

- Gharīb al-Khāl

- Abdallāh ibn al-Moʿttaz

- Moʾniss al-Khādim (le servant)

- Moʾniss le trésorier

- Nasr le chambellan

- Le Serviteur 1

1- Al-Sayyida est un titre qu'on attribue à une personnalité féminine importante. Le mot signifie « la dame ».

- Les Voix

- Le Serviteur 2

- Muhammad ibn Daoûd (le Vizir)

- ‘Ali ibn ‘Īssā (le Chef des cabinets)

- Aḥmad ibn Daoûd (le Juge)

- Yaman (le Chambellan d’Abdallāh ibn al-Mo‘ttaz)

- ‘Ali ibn Muhammad ibn al-Fourāt (le Visir présumé)

- As-Saqlabī (le serviteur personnel d’Abû Sa‘īd al-Janābī al-Qarmatī)

- Le Jeune serviteur

- Les Voix 2

- Abû Sa‘īd al-Janābī al-Qarmatī (Hassan Bahrām)

- Le groupe des cinq commandants:

- Le Commandant1

- Le Commandant 2

- Le Commandant 3

- Le Commandant 4

- Le Commandant 5

- Les gardes

- Les hommes de la Cour

- Sa‘īd (le fils aîné d’Abû Sa‘īd al-Janābī al-Qarmatī)

- Soulaymane Abû Tāhir (le benjamin d'Abû Sa'īd al-Janābī al-Qarmatī)

- L'un des hommes de la Cour

- Le Campagnard

- Le groupe de danseurs d'al-'arda.

- Le Héraut 2

- Muhammad Sunbur ibn al-Hassan ibn Muhammad Sunbur

- Deux hommes (le commerçant venu d'Ispahan et le guide)

- Abû al-Fadl Zakaria (l'un des fils des rois perses d'Ispahan)

- Les voix du groupe de la danse militaire

- Les partisans d'Abû Tāhir al-Qarmatī

- Un Serviteur

- Fourja (la mère de Sa'īd et de Soulaymane)

- La Sœur d'Abû Tāhir al-Qarmatī

- Les voix des pèlerins priant dans la cour d'al-Haram al-Makki de la Mecque.

- L'homme présentant le Prince de la Mecque

- Le Prince de la Mecque.

Tableau inaugural

Une chorégraphie accompagnée d'une musique présentant les exploits scientifiques ayant eu lieu durant la première partie du règne des Abbassides entre 132 de l'Hégire et 279, soit de l'année 750 à 892.

Acte I

Lieu

La Maison du Calife où réside al-Moqtadir ibn al-Mo'taded

Décor

Une grande salle meublée somptueusement.
La voix du Héraut et du roulement du tambour arrivent de l'extérieur de la salle.

LE HÉRAUT

Ô peuple de Bagdad ! Vous qui écoutez, informez les absents ! Aujourd'hui, le 20 Rabī' al-Awwal 296 de l'Hégire, le Calife Abdallāh ibn al-Mo'tazz est proclamé Calife. Ô peuple de Bagdad ! Vous qui écoutez, informez les absents…que les commandants, les juges et les grandes personnalités ont porté allégeance à Abdallāh ibn al-Mo'tazz! Ô peuple de Bagdad ! Vous qui écoutez, informez les absents, qu'aujourd'hui Muhammad ibn Daoûd le Visir, qu'aujourd'hui 'Ali ibn 'Īssā le Chef des Cabinets, qu'aujourd'hui Ahmad ibn Daoûd le Juge ! Ô peuple de Bagdad ! Vous qui écoutez, informez les absents !

Au moment où le Héraut annone ces informations, entre Al-Sayyida, la mère d'al-Moqtadir. Elle se révèle prestigieuse dans son habit et ses mouvements. Elle se promène majestueusement dans la salle comme si elle attendait une nouvelle d'une grande importance. La dame regarde tantôt par la fenêtre et tantôt vers la porte. Lorsque le Héraut récite son texte, elle bouche ses oreilles pour ne pas entendre son annonce. Lorsqu'il se tait, elle regarde le ciel, les bras tendues et dit :

AL-SAYYIDA

Oh mon Dieu Tout Puissant! Sauvez- nous Seigneur ! Oh mon Dieu ! Mon enfant est encore jeune ! Il n'a que treize ans. Oh mon Dieu ! Il y a trois mois qu'il gouverne et les malheurs n'arrêtent pas de s'enchaîner ! Oh mon Dieu ! Comme cela attriste son petit cœur !

Quelqu'un frappe à la porte.

AL-SAYYIDA (*appelle* Thoumāl)

Qahramāna… Thoumāl… Hé Qahramāna !... Hé ! Thoumāl !

THOUMĀL

Oui, Madame.

AL-SAYYIDA

Va voir qui est à la porte !

THOUMĀL *(sort puis revient avec le sourire sur les lèvres)*

Madame ! Madame ! Nasr le Chambellah dit qu'Abdallāh ibn al-Moʻttaz a pu prendre fuite.

AL-SAYYIDA

Dieu merci ! Dieu merci ! *(Elle appelle Thoumāl)* Thoumāl…Fais sortir Monseigneur le Calife de sa cachette…Hâte-toi !!

Al-Sayyida parcourt la salle jusqu'à ce qu'al-Moqtadir apparaît sur scène. Entre Thoumāl conduisant un enfant. C'est le Calife al- Moqtadir. La femme le traîne comme une plume au vent.

THOUMĀL

Madame ! Madame ! Voilà le Calife!

AL-SAYYIDA

Fiston ! Fiston !

Elle le prend par les bras, le met sur une chaise, dépoussière ses épaules et ajuste ses habits.

AL-SAYYIDA

Deux jours passés sans voir ton visage ! Qu'il soit maudit cet ibn al-Mo'tazz!

AL- MOQTADIR

Mère… Que se passe-t-il ?

AL-SAYYIDA

Ce matin, Abdallāh ibn al-Mo'tazz a ordonné que tu quittes les lieux ; que tu ailles à la demeure d'ibn Tāhir pour qu'il puisse occuper la Maison du Calife. J'ai agi sans prendre ton opinion. J'ai demandé à Mo'niss al-Khādim, à Mo'niss le trésorier, à Gharīb al-Khāl, aux courtisans et aux adeptes de se confronter à Abdallāh ibn al-Mo'ttaz.

Quelqu'un frappe à la porte. Thoumāl va voir qui c'est, puis elle revient.

THOUMĀL

Monseigneur… Nasr le Chambellan dit que Gharīb al-Khāl attend à la porte.

AL-MOQTADIR

Fais-le entrer !

AL-SAYYIDA

Que s'est – il passé ? Pourquoi revient-il ?

Entre Gharīb al-Khāl avec une épée à la main. Ses vêtements sont déchirés et souillés de sang.

GHARĪB AL-KHĀL *(parlant en haletant)*

Nous nous sommes dirigés vers al-Mokharram où réside al-Mo'ttaz. Là, nous avons mené une bataille contre ses gardes. Il s'est enfui alors en compagnie de son vizir Muhammad ibn Daoûd, son juge Ahmad ibn Daoûd et son chambellan Yaman. Mo'niss al-Khādim, Mo'niss le trésorier et les partisans sont partis à sa chasse d'un endroit à l'autre! Monseigneur… C'était le chaos total à Baghdad ! Assauts et meurtres ! 'Ali ibn Muhammad ibn al-Fourāt a enfin pu apaiser la sédition.

AL-SAYYIDA

Gharīb … Va chercher 'Ali ibn Muhammad ibn al-Fourāt et emmène-le ici !

Gharīb al-Khāl sort.

AL-MOQTADIR

Mère…Que voulez-vous mère de 'Ali ibn Muhammad ibn al-Fourāt ?

AL-SAYYIDA

L'homme adéquat pour être ton futur ministre !

Des voix arrivent de la porte. Entre Nasr le Chambellan.

NASR LE CHAMBELLAN *(en criant)*

Ibn al- Mo'tazz ! Ibn al- Mo'tazz!

Nasr le chambellan indique du doigt la porte. Tout le monde semble surpris, voire effrayé. Entre Abdallāh ibn al-Mo'ttaz. C'est un vieil homme. De son allure émanent des traces d'une bataille récente. Ses poignets sont attachés par la corde. Mo'niss al-Khādim le tire par la main droite et Mo'niss le trésorier par celle de la gauche.

AL-SAYYIDA *(se moquant d'ibn al-Mo'ttaz)*

On dirait que l'argent que tu avais reçu n'était pas assez suffisant!

ABDALLĀH IBN AL-MO'TTAZ

Depuis que mon père, le Calife al- Mo'ttaz, fut tué, ce pays s'avère en décadence. Toute victoire est devenue défaite pour les Qarmates… partout ! Au lieu de la science, du savoir et de l'ascension, le gamin fut appelé à s'occuper de ses plaisirs. Et l'Etat est, désormais, dirigé par ses femmes et ses serviteurs. Est-ce raisonnable que cette soubrette, Thoumāl, soit désignée juge d'ombudsman ?! Tout est ruiné sous votre règne ! Les Trésors sont vidés et la voix des musulmans périt.

AL-SAYYIDA

Etions-nous responsable du meurtre de ton père al-Mo'ttaz? C'étaient des soldats turkmènes ! Maintenant que tu es chez-moi, que ton sort est entre mes mains, tu oses me juger ? (à Mo'niss) Tue-le Mo'niss !

Mo'niss al-Khādim **lève son épée** *et s'apprête à tuer Abdallāh ibn al-Mo'ttaz. Mais le Calife Al-Moqtadir intervient.*

AL-MOQTADIR

Arrête ! Ne le tue pas !

AL-SAYYIDA

Laisse-le faire !

AL-MOQTADIR

Emmène-le en prison ! Qu'il y souffre jusqu'à ce qu'il trépasse!

Sortent Mo'niss al-Khādim et Mo'niss le trésorier tout en traînant Abdallāh ibn al-Mo'ttaz. Il crie.

ABDALLĀH IBN AL-MOʻTTAZ *(s'adressant à Al-Sayyida)*

Je te tuerai de mes propres mains. Vous serez tous tués jusqu'à ce que les Moʻttazs reprennent la gouvernance ! Vous mourrez…Vous mourrez… tous !

Rideau

Acte II

Lieu

La résidence d'Abû Saʿīd al-Janābī à Hajar.

Décor

La chambre d'Abû Saʿīd al-Janābī.

Sur scène, il y a as-Saqlabī, le serviteur personnel d'Abû Saʿīd al-Janābī et un autre serviteur plus jeune que lui.

LE JEUNE SERVITEUR
Depuis que j'ai commencé à travailler dans cette maison, je n'ai jamais vu Abû Saʿīd al-Janābī jeûner ni prier ! Tu es musulman, n'est-ce pas ? Tu m'as appris les préceptes de la religion, la lecture du Coran. Je te jure que je t'aime pour l'amour d'Allah !

LE SERVITEUR AS-SAQLABĪ
Cet homme qui se prend pour Seigneur, ne l'est pas en réalité ! (à part) Écoute-moi bien, il s'appelle Hassan Bahrām. Il est d'origine perse. Il était meunier à Janāba, sur le littoral de Perse. Il a été expulsé et il a traversé le Golfe jusqu'à Qatīf. Ensuite, il a travaillé dans le commerce et puis il a commencé à inviter les Arabes à s'adhérer à sa secte ; celle des Qarmates. Ainsi, il est devenu si puissant et, par la suite, le chef des Qarmates et l'annonceur de leur confession. Le Calife al-Moʿtaded s'est beau confronter à lui, Hassan Bahrām l'a vaincu et il a pillé, ensuite, Bassora. Il a captivé les hommes et il a détenu les femmes et les enfants. Je suis l'un des soldats d'al-Moʿtaded que Hassan Bahrām a captivés. Je suis un homme libre… libre… libre ! Mais il m'a asservi… asservi ! Même les chameaux n'avaient pas pu porter tout l'argent qu'il avait pillé de Bassora !

LE JEUNE SERVITEUR
Que s'est-il advenu de cet argent ?

LE SERVITEUR AS-SAQLABĪ
Enterré dans le désert ! Seul, Soulaymane, son fils benjamin connait l'endroit.

Des voix arrivent du côté de la porte de la maison. Le Jeune serviteur se dépêche pour ouvrir la porte. Les voix s'approchent et s'accroissent de plus en plus.

LE JEUNE SERVITEUR *(à as-Saqlabī)*

C'est le Seigneur qui arrive… Les Commandants l'accompagnent…

Le Jeune serviteur et as-Saqlabī se cachent pour écouter la discussion.

ABÛ SA'ÎD

Des nouveautés de Bagdad ?

LE COMMANDANT 1

Que de bonnes nouvelles ! Depuis qu'al-Moqtadir est Calife, il y a six ans, il côtoie les gens à Bagdad. Parfois, il est apprécié, d'autre fois, il est banni. Parfois il est proclamé Calife et d'autre fois il est destitué.

LE COMMANDANT 2

Ce qui réchauffe le cœur davantage et que « amusement » et « comédie » sont désormais induits dans la Charī'a.

LE COMMANDANT 3

Et al-Moqtadir n'est au courant de rien ! Ni des désastres ni des catastrophes car sa mère empêche que les mauvaises nouvelles lui parviennent.

ABÛ SA'ÎD

Son père, al-Mo'taded, avait mobilisé son armée contre moi lorsque j'avais occupé Bassora. Mais… j'avais vaincu ses troupes. Après quoi il s'est racheté et il a arrêté de se confronter à moi.

LE COMMANDANT 4

C'est le moment propice ! Attaquons Bagdad ! Arrêtons la Succession abbasside et imposons la régence Qarmate.

Abû Sa'îd al-Janābī et ses invités se lèvent et se dirigent vers la chambre d'à côté.

ABÛ SA'ÎD

Ce sujet demande une certaine tactique… *(Bref silence)* Attendez-moi dans la salle d'à côté ! *(Au Jeune serviteur)* Hé, Petit ! Viens ici Petit !

Le Jeune serviteur arrive en courant.

ABÛ SA'ÎD *(ordonne au Jeune serviteur)*

Accompagne les Commandants vers l'autre chambre. Et surtout, sers-les comme il faut !

Les Commandants suivent le Jeune serviteur, en passant par une porte donnant sur la chambre indiquée. Quant à Abû Saʿīd, il se dirige vers une autre porte qui mène à sa chambre privée.

ABÛ SAʿĪD *(appelle le Serviteur as-Saqlabī)*
As-Saqlabī… As-Saqlabī… Où es-tu serviteur ?

LE SERVITEUR AS-SAQLABĪ *(arrive en courant)*
Oui, Monseigneur !

ABÛ SAʿĪD
Prépare-moi le bain ! Je voudrais me laver. *(Il se précipite vers la porte)*

LE SERVITEUR AS-SAQLABĪ
À vos ordres Monseigneur!

LE SERVITEUR AS-SAQLABĪ *(au milieu de la scène, furieux et à part)*
Ils envisagent d'attaquer Bagdad ; Bagdad ma ville où résident mon père et ma mère, ma femme et mes enfants ; Bagdad où sont mes frères et mes amis, Bagdad où se trouvent mes collègues, les soldats de la Succession ! Au nom du Dieu, je ne te permettrai jamais de le faire !

LE SERVITEUR AS-SAQLABĪ *(prend un grand couteau et l'agite)*

Je ne te laisserai pas le faire ! Je te tuerai!

Il entre dans la salle de bain. On entend le bruit des seaux qui s'entrechoquent et le son de l'eau qui coule. Le Serviteur as-Saqlabī sort avec le couteau à la main.

ABÛ SA'ĪD AL-JANĀBĪ *(appelle de sa chambre privée)*

Hé Serviteur ! Ma salle de bain est – elle prête ?

LE SERVITEUR AS-SAQLABĪ *(cache le couteau derrière son dos, dans le pli de sa ceinture et il ac-cueille son maître)*

Monseigneur…Votre bain est prêt !

Abû Sa'īd al-Janābī se dirige vers la salle de bain. Arrivé à la porte, le Serviteur as-Saqlabī le poignarde dans le dos. Il crie mais le Serviteur as-Saqlabī le pousse vers l'intérieur de la salle de bain. Il se dirige vers le milieu de la chambre, le couteau caché comme au départ.

LE SERVITEUR AS-SAQLABĪ *(interpelle)*

Monsieur le Commandant ! Monsieur le Com-mandant !

Le Commandant 1 arrive.

LE SERVITEUR AS-SAQLABĪ
Monseigneur désire vous parler.

Le Serviteur as-Saqlabī guide le Commandant 1 vers la salle de bain. Arrivant au seuil de la porte, le valet poignarde l'invité dans le dos. Ce dernier crie. As-Saqlabī va au milieu de la chambre, le couteau derrière le dos.

LE SERVITEUR AS-SAQLABĪ *(interpelle)*
Monsieur le Commandant ! Monsieur le Commandant !

Le Commandant 2 arrive.

LE SERVITEUR AS-SAQLABĪ
Monseigneur désire vous parler.

Le Serviteur as-Saqlabī mène le Commandant 2 à la salle de bain. Arrivant au seuil de la porte, il le poignarde dans le dos. Le Commandant 2 crie. As-Saqlabī va au milieu de la chambre, le couteau derrière le dos.

LE SERVITEUR AS-SAQLABĪ *(interpelle)*
Monsieur le Commandant ! Monsieur le Commandant !

Le Commandant 3 arrive.

LE SERVITEUR AS-SAQLABĪ
Monseigneur désire vous parler.

Le Serviteur as-Saqlabī mène le Commandant 3 à la salle de bain. Arrivant au seuil de la porte, il le poignarde dans le dos. Le Commandant 3 crie. As-Saqlabī va au milieu de la chambre, le couteau derrière le dos.

LE SERVITEUR AS-SAQLABĪ *(interpelle)*
Monsieur le Commandant ! Monsieur le Commandant !

Entre le Commandant 4.

LE SERVITEUR AS-SAQLABĪ
Monseigneur désire vous parler.

Le Serviteur as-Saqlabī mène le Commandant ٤ à la salle de bain. Arrivant au seuil de la porte, il le poignarde dans le dos. Le Commandant ٤ crie. As-Saqlabī va au milieu de la chambre, le couteau derrière le dos.

LE SERVITEUR AS-SAQLABĪ *(interpelle)*
Monsieur le Commandant ! Monsieur le Commandant !

Entre le Commandant 5.

LE SERVITEUR AS-SAQLABĪ

Monseigneur désire vous parler.

Le Serviteur as-Saqlabī mène le Commandant 5 à la salle de bain. Mais ce dernier remarque les tâches du sang venant de la salle de bain. En s'approchant de la salle, il jette ses regards sans y pénétrer. Il voit le sang et les cadavres entassés. Le Serviteur as-Saqlabī attaque le Commandant 5, essaie de le prendre entre ses mains afin de le pousser vers la salle de bain. Mais le Commandant 5 est assez costaud pour qu'il puisse le vaincre facilement comme les autres. Pendant qu'ils se combattent, le Commandant 5 arrive à saisir as-Saqlabī et il commence à crier à haute voix.

LE COMMANDANT 5

Hé Sa'īd … Hé, Soulaymane ! Le serviteur a tué votre père !

Hé les gardes ! Le serviteur a tué votre Seigneur !

Ô Gens ! Le serviteur a tué les Commandants !

Et les gardes et les courtisans arrivent. Ils détiennent Le Serviteur as-Saqlabī, lui attachent les mains derrière le dos, lui serrent les pieds et le jettent sur le dos au milieu de la salle, parallèlement au public. Ils font sortir les cadavres ensanglantés, les traînent vers le milieu avec les têtes placées du côté des spectateurs. Arrivent les deux fils d'abû Sa'īd al-Janābī ; Sa'īd l'aîné et Soulaymane le benjamin.

SA'ĪD ET SOULAYMANE *(pleurant sur le cadavre de leur père)*

Qui a commis ce crime ? Qui a commis ce crime ?

LE COMMANDANT 5

C'est le serviteur as-Saqlabī. Il est là ! Venez, Sa'īd !

Sa'īd ibn Sa'īd avance tout en regardant le Serviteur as-Saqlabī. L'un des gardes se jette sur le serviteur dans une tentative de le tuer. Mais Sa'īd l'empêche.

SA'ĪD *(en criant)*

Apportez-moi la cisaille…la cisaille!

Un serviteur va chercher la cisaille.

SA'ĪD

Soulaymane abû Tāhir…Mon frère !

ABÛ TĀHIR SOULAYMANE

Oui, Sa'īd !

SA'ĪD

Mettez le cadavre de notre père…des Commandants aussi …dans l'autre salle !

L'un des courtisans arrive avec la cisaille à la main. Il la donne à Saʿīd .

SAʿĪD *(ordonnant les gardes)*
Ôtez au Serviteur as-Saqlabī ses habits!

SAʿĪD *(s'adressant au serviteur en tenant la cisaille à la main)*
Je déchiquèterai ta chair avec cette cisaille! *(Il commence à lui couper la chair en répétant)* Morceau…Morceau… Morceau… Morceau !

Le Serviteur as-Saqlabī hurle tandis que Saʿīd jette les miettes à droite et à gauche de la scène.

Rideau

Acte III

Scène 1

Décor

La cour en face de la maison d'abû Tāhir Soulaymane ibn Sa'īd Hassan al-Janābī. Une plaque accrochée à la porte d'une maison sur laquelle est écrit « Dār al-hijra »[1].

Dans la cour, un vieil homme portant un turban, assis sur une grande chaise en bois. C'est le Commandant 5 qui avait échappé au massacre d'abû Sa'īd al-Janābī. Entre sur la scène un homme portant un bandeau arabe. Il salue.

LE CAMPAGNARD

Que la paix, la miséricorde et les bénédictions du Dieu soient sur vous.

____

1- « Dār al-hijra » serait traduit par « la résidence de l'immigration ».

LE COMMANDANT 5

Que la paix soit sur vous, la miséricorde du Dieu et ses bénédictions.

LE CAMPAGNARD

C'est bien ici la maison d'abû Tāhir Soulaymane al-Janābī ?

LE COMMANDANT 5

Qui êtes-vous ? Que voulez-vous d'abû Tāhir ?

LE CAMPAGNARD

Je suis paysan. Je viens d'arriver de la campagne pour me joindre aux suppôts d'abû Tāhir. Et vous ? Qui êtes-vous?

LE COMMANDANT 5

Vous avez déjà entendu parler du meurtre d'abû Sa'īd al-Janābī ? Des Commandants qui l'accompagnaient l'an 301 de l'Hégire?

LE CAMPAGNARD

Oui !

LE COMMANDANT 5

Et bien, je suis l'unique Commandant ayant échappé au massacre !

LE CAMPAGNARD

Vous travaillez donc pour abû Tāhir Soulaymane al-Janābī. Vous pourrez donc m'aider à joindre ses courtisans.

LE COMMANDANT 5

Après la mort d'abû Sa'īd al-Janābī, c'est son fils, Sa'īd al-Janābī, qui devient chef. J'ai travaillé pour lui durant quatre ans. Néanmoins, en 305 de l'Hégire, abû Tāhir Soulaymane al-Janābī, le benjamin de Sa'īd Hassan al-Janābī, écarte son frère Sa'īd et d'autres membres de la gouvernance, y compris moi. Désormais, c'est lui qui gouverne.

LE CAMPAGNARD

Pourquoi êtes-vous maintenant devant sa maison ?

LE COMMANDANT 5

J'ai entendu dire qu'il arrive bientôt de la Mecque. J'ai pensé à être à son accueil dans l'espoir que son cœur s'attendrisse, surtout qu'il sera à peine rentré de la Maison sacrée, qu'il ait pitié de moi et me donne quelques sous pour survivre.

LE CAMPAGNARD

On dit qu'il a une grande fortune.

LE COMMANDANT 5

Depuis qu'abû Tāhir s'est emparé de la gouvernance - il y a presque 15 ans- , il emmène avec lui des gens au désert. Il les ordonne : *« Creusez ici et vous trouverez de l'argent ! »* Ils commencent à fouiller jusqu'à ce qu'ils trouvent le trésor que son père et lui avaient enterré mais que personne sait ! Chaque fois, il les oriente vers un nouvel endroit. Il prend l'argent et offre une part à ceux qui l'ont aidé à le retrouver. Ainsi, les gens pensaient qu'il était voyant.

LE CAMPAGNARD

C'est quoi son histoire?

LE COMMANDANT 5

Depuis l'an 316 de l'Hégire, il sévit la violence sur terre. Il envahit Koufa, Rahba, Moussel et Sinjār puis il tue tous les gens qui y habitent et s'empare de leur argent. Ses partisans, devenus plus nombreux, ils commencent à attaquer les villages, à tuer les habitants et à escamoter leur argent au point que les gens fuissent tout lieu où l'on prononce le nom d'abû Tāhir Soulaymane ibn abû Sa'īd al-Janābī al-Qarmatī ! Maintenant qu'il rentre de là-bas... Regarde ce qu'il met sur sa porte : une plaque où est écrit **« *Dar al-Hijra* »** !

LE CAMPAGNARD
? Où est-il à présent

LE COMMANDANT 5

Au pèlerinage ! Que Dieu protège les pèlerins de la Maison du Dieu de ce gredin !

Les voix de chant et la tambourinade du groupe al-'arda[1] s'élèvent. Entre sur scène un homme en courant.

LE HÉRAUT

Abû Tāhir al-Qarmatī est arrivé !

Abû Tāhir al-Qarmatī est arrivé !

Abû Tāhir al-Qarmatī est arrivé !

Entre le groupe d'al-'arda et présente une danse. Entre Abû Tāhir al-Qarmatī portant à la main une sacoche.

ABÛ TĀHIR AL-QARMATĪ

Ecoutez…Ecoutez !

Les chanteurs et les danseurs arrêtent de jouer.

1- Al-'arda est un genre artistique connu dans la péninsule arabe où les performeurs battent les tambours, d'autres brandissent leurs épées et un poète répète des vers. L'objectif est d'inspirer l'enthousiasme aux combattants lors des guerres ou des menaces de conflit.

ABÛ TĀHIR AL-QARMATĪ

Asseyez-vous… Asseyez-vous !

J'ai été au pèlerinage. Mais je n'ai pas été du tout satisfait! Le jour de la Tarwiya[1], avec le soutien de mes partisans, j'ai attaqué les pèlerins et j'ai pris leur argent. J'ai tué un bon nombre parmi eux et j'ai ordonné que leurs corps soient jetés dans le puits de Zamzam. J'ai ôté à la Ka'ba sa parure et je l'ai partagée entre mes partisans. Ensuite, j'ai arraché la Pierre Noire ! Les pèlerins survécus disaient : *« Non !...Non ! »* Et moi je rétorquais : *« Où sont-ils donc les oiseaux Ababil[2] ? Où sont-elles les pierres de braise ? »* (*Il ouvre son sac et montre la Pierre Noire*). C'est la Pierre Noire ! Je l'ai apportée ! Circulez autour d'elle ! Répétez : « Je suis Dieu ! Et Dieu c'est moi… C'est moi qui crée les créatures et c'est moi qui les annihile! »

Le groupe d'al-'arda commence à circuler en chantant et en jouant sur les tambours.

LE GROUPE D'AL-'ARDA *(répétant)*

« Il est Dieu ! Et Dieu c'est lui. C'est lui qui crée les créatures et c'est lui qui les annihile! »

1- C'est le premier jour du pèlerinage et le 8ème jour de Dzoul Hijja. Le pèlerin revêt ses habits d'al-Ihram, se lave, met son parfum, prend ensuite l'intention du Hadj dans son cœur et prononce *la Talbiya* « Me voici Allah/ Me voici/ Me voici/ Point d'associé à Toi/ Me voici/Certes la louange la grâce et la royauté t'appartiennent / Point d'associé à Toi »

2- Des oiseaux cités dans le Coran, Sourate 105.

Scène 2

Décor

La cour en face de Dar al-Hijra; la demeure d'abû Tāhir Soulaymane ibn Hassan al-Janābī al-Qarmatī.

Une grande chaise sur laquelle est assis un vieil homme. Il s'appelle Sunbur.

Deux hommes arrivent. De leurs vêtements, on peut deviner que l'un est commerçant, l'autre est campagnard exerçant le métier du guide.

LE GUIDE *(montrant du doigt Muhammad Sunbur ibn al-Hassan)*

C'est Muhammad Sunbur ibn al-Hassan. *(Il sort)*

Le Commerçant salue Muhammad ibn al-Hassan. Ce dernier l'invite à prendre place à côté de lui, sur la chaise.

MUHAMMAD SUNBUR

D'où est-ce que vous venez ?

LE COMMERÇANT

Je suis commerçant d'Ispahan. Je suis à Qatīf pour une affaire de commerce. J'ai entendu parler du Zékrī nommé abû al-Fadl Zakaria. J'ai dû venir à Hajar pour vous prévenir de cette personne. C'est l'un des fils des rois de Perse d'Ispahan. Il a fondé un centre à Ispahan pour sa Da'wa.

MUHAMMAD SUNBUR

Si une personne d'ici -de la ville de Hajar- vous entend dire cela, vous êtes un homme mort ! Hé Commerçant ! Taisez-vous et occupez-vous de votre commerce… Quittez la région le plus vite possible et surtout, fermez votre gueule ! Allez…Vite !

Entre un garçon, peau blanche et épaules étroites. Il a vingt ans environ. Il porte un turban et un vête-ment jaunes. Sa taille est serrée avec une ceinture. Muhammad Sunbur le salue de façon chaleureuse.

MUHAMMAD SUNBUR

Bienvenu abû al-Fadl Zakaria ! Assieds-toi s'il te plaît !

ABÛ AL-FADL ZAKARIA

Lorsque j'ai été à Ispahan pour rendre visite à mon père, votre ami, nous nous étions mis d'accord de tuer votre grand ennemi ; abû Hafs ach-Charīk ibn Zarqān, le gendre d'abû Tāhir, afin que vous puissiez vivre en paix. Mon père m'avait prié d'accomplir cette mission. Mais je n'ai pas acquis la suprématie, comme vous l'avez promis !

MUHAMMAD SUNBUR

J'ai confié à ton père tous les secrets d'abû Sa'īd al-Janābī ; le mode de vie si mystérieux que mènent les Qarmates, voire les sciences et les signes, puisque je fus l'un d'eux. Je lui avais promis qu'il sera leur chef, qu'ils obéiront à ses ordres et qu'ils interdiront ce qu'il leur prohibera. Mais tu l'as succédé et tu as instauré des lois étranges ! Que cherches- tu de tout cela ?

ABÛ AL-FADL ZAKARIA

Je veux tuer Abû Tāhir al-Qarmatī et devenir le maître des Qarmates !

MUHAMMAD SUNBUR

Comment parviendras-tu à rencontrer abû Tāhir pour finir avec sa vie ?! Il se trouve à Rahba à présent. Il occupera Ramla et ensuite, il ira à Damas. Ne te précipite-pas ! Je crains qu'on te découvre !

ABÛ AL-FADL ZAKARIA

Qui d'autre, à part vous, est au courant de cette affaire?

MUHAMMAD SUNBUR

Des rumeurs circulent dans le pays !

ABÛ AL-FADL ZAKARIA

Qu'est-ce qu'on dit ?

MUHAMMAD SUNBUR

Que tu n'es pas musulman…que tu es l'un des fils des rois de Perse. Ils disent aussi que tu as pris Ispahan comme centre de ta Da'wa afin de renverser le régime de la succession islamique à Bagdad.

Le son du chant militaire retentit... Entre abû Tāhir al-Qarmatī en compagnie de ses suppôts. Dès qu'il aperçoit Abû al-Fadl Zakaria, il l'indique du doigt et commence à crier.

ABÛ TĀHIR AL-QARMATĪ *(parlant à haute voix)*
C'est mon Dieu et le vôtre aussi !

C'est mon Seigneur et le vôtre aussi !

Abû Tāhir al-Qarmatī soulève Zakaria pour le mettre sur la chaise.

ABÛ TĀHIR AL-QARMATĪ
Nous sommes tous vos serviteurs. Nous sommes à vos ordres. Nous sommes à vous !

ABÛ TĀHIR AL-QARMATĪ ET SES PARTISANS
(répètent en jetant de la terre sur leurs cheveux)
Notre Dieu… Notre Dieu… Notre Dieu…

ABÛ TĀHIR AL-QARMATĪ
Ô peuple! Sachez bien que la preuve est dévoilée. C'est la religion d'Adam… notre Père à tous. Toute religion que nous pratiquons est erreur. Tout ce qui a été prononcé par les érudits est erreur, une falsification des paroles de Moïse, de Jésus et de Muhammad. La religion est bel et bien celle qui fut donnée, en premier, par Adam. Les autres sont des imposteurs, des charlatans ! Maudissez-les!

ABÛ TĀHIR AL-QARMATĪ ET SES PARTISANS
(en circulant autour de la chaise)
Qu'ils soient maudits ! Qu'ils soient maudits ! Qu'ils soient maudits !

ABÛ AL-FADL ZAKARIA

Que les prières et le jeûne soient abolis ! Que la sodomie, l'inceste et le vin soient établis ! Que cette contrée, pour prier, ait quatre endroits de toutes les directions…de là où émane le feu jour et nuit ! C'est un ordre !

Abû Tāhir et ses partisans ôtent leurs vête-ments. Seules les parties intimes restent couvertes. Ils tournent autour de la chaise sur laquelle abû al-Fadl se tient debout.

ABÛ TĀHIR AL-QARMATĪ ET LES PARTISANS
(répètent)

Notre Dieu Tout Puissant ! Notre Dieu Tout Puissant !

Acte IV

Lieu

La maison d'abû Sa'īd al-Janābī (même décor que dans l'acte précédent)

Quelqu'un frappe à la porte. Le serviteur va voir qui est–ce puis il revient.

LE SERVITEUR
Monseigneur… Monseigneur… Muhammad Sunbur est à la porte. Il veut voir abû Tāhir.

ABÛ TĀHIR AL-QARMATĪ
Fais-le entrer !

MUHAMMAD SUNBUR (*ébaubi*)
C'est quoi ce que vous avez fait hier abû Tāhir? Les gens ne vous respectent plus !

ABÛ TĀHIR AL-QARMATĪ

On m'a dit qu'al-Mahdī l'Attendu est apparu… qu'il gouverne déjà Hajar. C'est pourquoi je suis rentré rapidement d'à Rahba quoique je m'apprêtasse à occuper Ramla et Damas. En arrivant, je l'ai vu. J'ai eu peur qu'il m'attaque et qu'il me métamorphose. J'ai alors agi de la sorte ; jouant son jeu pour m'en sortir.

MUHAMMAD SUNBUR

Vous savez qu'abû al-Fadl Zakaria n'est pas musulman ? qu'il est d'Ispahan ?

ABÛ TĀHIR AL-QARMATĪ

Il n'est pas musulman ?!

MUHAMMAD SUNBUR

Savez-vous que c'était lui qui avait assassiné abû Hafss ach-Charīk ibn Zarqāne, votre gendre ? Qu'il avait tué le petit Hafss, votre neveu ?

ABÛ TĀHIR AL-QARMATĪ

Attendez…Attendez un moment s'il vous plaît ! Mère ! Hé Forja ! Hé Oum Sa'īd …

FORJA

Oui mon fils!

ABÛ TĀHIR AL-QARMATĪ

Venez entendre ce que Muhammad Sunbur dit. Il affirme qu'abû al-Fadl Zakaria n'est pas musulman, que c'était lui qui avait tué ach-Charīk ibn Zarqāne, notre gendre, et aussi votre petit fils Hafss !

FORJA

Qu'il soit maudit !

MUHMMAD SUNBUR *(à abû Tāhir al-Qarmatī)*

En plus…il a violé votre sœur !

FORJA *(hululant)*

Quelle honte ! Quelle honte !

Abû Tāhir al-Qarmatī bat les mains et se frappe la tête. Il gémit dans la douleur.

MUHAMMAD SUNBUR *(à abû Tāhir al-Qarmatī)*

A présent, il se prépare pour vous tuer !

ABÛ TĀHIR AL-QARMATĪ

C'est moi qui le tuerai !

MUHAMMAD SUNBUR

Comment parviendrez-vous à le faire alors qu'il se trouve en dehors de chez vous et bien protégé par ses gardes ?

ABÛ TĀHIR AL-QARMATĪ
En le faisant venir ici-même !

MUHAMMAD SUNBUR
Comment ?

ABÛ TĀHIR AL-QARMATĪ
Comment ? Comment ?

Après quelques secondes de réflexion...

ABÛ TĀHIR AL-QARMATĪ *(à sa mère)*
Je pense à un stratagème pour faire venir ce criminel ici. Il faudrait qu'il soit seul, sans ses gardes…ici-même. Nous le tuerons. N'ayez pas peur mère ! Rassurez-vous ! *(à Sunbur)* Allez le voir et dites-lui : *« Ô notre Dieu ! / Forja la mère d'abû Tāhir est morte ! Nous aimerions que vous ouvriez ses entrailles et que vous mettiez dedans de la braise tel que vous l'avez prescrit aux gens ! »*. Quant à moi, je m'occupe de ce que ma mère soit allongée par terre.

Sort Muhammad Sunbur et entre la sœur d'abû Tāhir al-Qarmatī.

LA SŒUR D'ABÛ TĀHIR AL-QARMATĪ
J'ai tout entendu !

ABÛ TĀHIR AL-QARMATĪ

Salope! Sors d'ici !

FORJA

Ne lui reproche rien ! Elle a été violée ! Elle me l'avait révélé!

ABÛ TĀHIR AL-QARMATĪ *(à sa mère)*

Allongez-vous ici ! Je couvrirai votre corps. Ne bougez pas !

Forja s'allonge par terre. Abû Tāhir al-Qarmatī la couvre d'un tissu.

LA SŒUR D' ABÛ TĀHIR AL-QARMATĪ *(en quittant le lieu)*

Il faut le tuer ! Il faut le tuer ! Il faut le tuer !

FORJA *(levant sa tête)*

Il faut le tuer ! Il faut le tuer !

Abû Tāhir al-Qarmatī pousse sa mère de façon à lui remettre la tête par terre.

Quelqu'un frappe à la porte. Abû Tāhir al-Qarmatī ouvre la porte et apparaît abû al-Fadl Zakaria en compagnie de Sunbur. Abû Tāhir al-Qarmatī s'agenouille devant lui.

ABÛ TĀHIR AL-QARMATĪ

Ô mon Dieu ! Ô mon Dieu ! (*Il lève davantage sa voix et fait semblant de pleurer*). Forja…ma mère est morte !

ABÛ AL-FADL ZAKARIA (*tire de sa poche un couteau et pointe Forja*)

Ouvrons son ventre et remplissons-le de braise !

Forja tremble ses pieds.

Abû al-Fadl Zakaria remarque les pieds de Forja qui tremblent. Il soupçonne. Abû Tāhir al-Qarmatī tient la main d'abû al-Fadl portant le couteau.

ABÛ TĀHIR AL-QARMATĪ

Ô mon Dieu ! Je voudrais que vous la ressuscitiez !

ABÛ AL-FADL ZAKARIA

Elle ne le mérite pas ! C'était une mécréante. J'introduirai ce couteau dans ses entrailles.

Les pieds de Forja tremblent davantage tandis qu'abû al-Fadl Zakaria les regarde.

ABÛ TĀHIR AL-QARMATĪ (*tient la main d'abû al-Fadl Zakaria*)

Non…Non…Mon Dieu ! Redonnez-lui la vie!

ABÛ AL-FADL *(dirige son couteau vers la poitrine de Forja tout en faisant des gestes de charlatan)* Je l'éventre !

Les pieds de Forja tremblent encore et encore.

ABÛ TĀHIR AL-QARMATĪ *(tient la main d'abû al-Fadl Zakaria)*
Non…Non…Mon Dieu ! Redonnez-lui la vie!

ABÛ AL-FADL ZAKARIA *(se méfait et sent qu'on le piège)*
Ne me précipitez pas ! On m'a dérobé la faculté de ressusciter les morts ! Attendez que mon père arrive pour lui redonner la vie.

Entre Sa'īd ibn Hassan al-Janābī en courant avec un couteau à la main. Sa sœur le suit. Il tient abû al-Fadl Zakaria du dos et lui pose l'arme sur le cou.

ABÛ AL-FADL ZAKARIA
Ne me tuez pas ! Je ne veux plus être Seigneur. Faites de moi votre serviteur! Je me chargerai de votre bétail !

ABÛ TĀHIR AL-QARMATĪ
Non…Non… Sa'īd !

SA'ĪD

Ma sœur m'a tout raconté !

ABÛ AL-FADL ZAKARIA (*EN CRIANT*)

Hé! Gardes! Gardes!

Sa'īd décapite abû al-Fadl Zakaria. Le sang coule sur sa poitrine et il tombe par terre. On entend quelqu'un frapper à la porte et des voix qui s'élèvent.

LES VOIX

Ouvrez la porte !

MUHAMMAD SUNBUR

Ce sont les gardes ! les gardes d'abû al-Fadl Zakaria.

ABÛ TĀHIR AL-QARMATĪ *(à Muhammad Sunbur)*

Donnez-leur de l'argent ! Dépêchez-vous !

Abû Tāhir al-Qarmatī ouvre un coffre plein de bourses d'argent et les donne à Sunbur. Ce dernier les jette par la fenêtre.

Au milieu de la cour, le cadavre d'abû al-Fadl Zakaria est étalé par terre. Sa'īd et sa sœur se trouvent à côté du cadavre, face au public.

LA SŒUR

Ouvre-lui le ventre Sa'īd ! Faites sortir son foie
pour que je le mange!

*Le moment où Sa'īd ouvre le ventre d'abû al-Fadl
Zakaria, abû Tāhir al-Qarmatī et Muhammad Sunbur
continuent à jeter l'argent aux gens par la fenêtre de
la maison d'abû Saīd al-Janābī.*

**ABÛ TĀHIR AL-QARMATĪ ET MUHAMMAD
SUNBUR** *(répètant)*

Avec de l'argent… Avec de l'argent

Faites les taire…avec de l'argent

Avec de l'argent … Avec de l'argent

Faites les taire …avec de l'argent

*Sa'īd extrait le foie d'abû al-Fadl Zakaria et le
donne à sa sœur. Elle commence à le déchiqueter et
le sang coule de sa bouche. Abû Tāhir al-Qarmatī
et Muhammad Sunbur continuent à jeter les bourses
d'argent. Ils répètent :*

Avec de l'argent…Avec de l'argent

Faites les taire…avec de l'argent

Rideau

Acte V

Décor

La cour représentant al-Haram al-Makki ach-Charif.

Temps

Le 5 Di al-Hijja 339 de l'Hégire, soit le 15 mai 951.

Les voix des invocations envahissent l'espace.

LES VOIX

Me voici Ô Allah

Je réponds à ton appel

Tu n'as pas d'associé

Me voici

La louange et la grâce t'appartiennent

Ainsi que la royauté

Tu n'as pas d'associé

La formule de la Talbia continue.

UN HOMME *(il monte sur le minbar[1])*
Le Prince de la Mecque voudrait vous parler.

L'homme descend et le Prince de la Mecque monte sur le minbar avec une feuille à la main.

LE PRINCE DE LA MECQUE
Ô musulmans ! Ô musulmans !

Sa voix est inaudible à cause des invocations des pèlerins.

LE PRINCE DE LA MECQUE
Ô musulmans ! Ô musulmans !

Les invocations s'arrêtent.

LE PRINCE DE LA MECQUE
Ô pèlerins de la Maison Sacrée ! Vous avez de la chance !

Ô pèlerins ! Cette année, 399 de l'Hégire, vous êtes chanceux !

Aujourd'hui, la Pierre Noire nous a été remise après avoir été volée par les Qarmates durant 22 ans ! Ô musulmans ! Ô pèlerins de la Maison d'Allah ! Ici, avec moi, Muhammad Sunbur ibn al-Hassan ibn Muhammad Sunbur qui nous a ren-

---

1- Une sorte d'escabeau servant de chaise d'où le Khatib fait son sermon lors de la prière du vendredi dans la mosquée.

du la Pierre Noire. Mais avant de la remettre à sa place, je voudrais m'adresser à vous musulmans en ces quelques mots :

Ô musulmans ! Que l'expression « *Il n'y a Dieu si ce n'est Allah et Muhammad est son Messager»* vous unisse.

Ô musulmans ! Chassez les intrus au-delà de votre religion !

Ô musulmans ! Purifiez vos cœurs de toute rancune !

Ô musulmans ! Aimez- vous pour l'amour du Dieu… Aimez- vous pour l'amour du Dieu !

Maintenant, je demande à Muhammad Sunbur de venir ici. Qu'il monte sur le minbar et vous montre la Pierre Noire. Ensuite, nous la remettrons à sa place habituelle.

Muhammad Sunbur monte sur le minbar, ouvre son sac et fait sortir la Pierre Noire. Il la lève haut pour que tout le monde puisse la voir. Les voix des invocations se lèvent :

Dieu est grand…Dieu est grand…Dieu est grand

Il n'y a de Dieu si ce n'est Allah

Dieu est grand…Dieu est grand…Louange à Dieu

Les invocations continuent.

Muhammad Sunbur descend du minbar et se di-

rige avec le Prince de la Mecque vers le Rukn pour y poser la Pierre Noire. Les invocations continuent et en même temps, tous les comédiens entrent sur la scène, participent aux circumambulations autour de la Ka'ba et embrassent la Pierre Noire. Ils récitent ensemble les invocations en se dirigeant vers l'avant-scène, face au public. Ils demandent aux spectateurs d'y participer.

La voix des invocations enregistrée continue à se répandre au fur et à mesure que celle des spectateurs s'élève.

Rideau

www.ingramcontent.com/pod-product-compliance
Lightning Source LLC
Chambersburg PA
CBHW052124150726
48002CB00006B/2480